AF276116

Goya

Aldous Huxley
Ramón Gómez de la Serna

Goya

casimiro

casimiro [*casimiroa edulis*]

En cubierta: Francisco de Goya, *Doña María del Pilar Cayetana de Silva Álvarez de Toledo, XIII duquesa de Alba* (detalle), 1795
Fundación Casa de Alba, Palacio de Liria, Madrid

© Casimiro libros, Madrid, 2024
Todos los derechos reservados
www.casimirolibros.es

ISBN: 978-84-19524-34-8
D. L: M-19641-2024

Hecho en Madrid

Índice

Variaciones sobre Goya

Aldous Huxley

Hay antologías sobre casi todo, desde lo mejor a lo peor, desde lo significativo desde un punto de vista histórico a lo excéntrico, desde lo infantil a lo sublime. Pero hay una antología, en potencia la más interesante de todas, la cual no se ha compilado aún, que yo sepa. Me refiero a la Antología de Obras Logradas.

Para tener derecho a ser incluido en una antología semejante habría de sufrir el artista varias pruebas. En primer lugar, debería haber evitado una extinción prematura y vivido una madurez artística y cronológica. Así, los últimos poemas de Shelley, las últimas composiciones de Schubert y aún de Mozart no cabrían en esta colección nuestra. Por consumados artistas que hayan sido, estos hombres eran todavía psicológicamente jóvenes cuando murieron. Para su completo desarrollo necesitaban más tiempo que el que su destino terrenal les concedió. De un orden diferente son aquellos seres extraños cuya edad cronológica está enteramente desproporcionada con su madurez, no sólo como artistas, sino como espíritus humanos. Así, algunas de las cartas que escribió Keats entre sus veinte y treinta años y muchos de los cuadros que compuso Seurat poco antes de su muerte a los treinta y dos, podrían ciertamente calificarse como Obras Logradas. Mas, por regla general, se necesita cierto mínimo de tiempo para la madurez de tales frutos. Por la mayor parte, nuestro hipotético antologista habría de hacer su selección del arte de personas de edad avanzada y mediana.

Pero no vaya a creerse que todos los artistas de edad avanzada y mediana son capaces de producir Obras Logradas significativas. Durante los últimos cincuenta años de una larga vida, Wordsworth perseveró en una torpeza casi ininterrumpida. Y en este sentido no fue el único. Hay muchos, muchos otros cuyas Obras Logradas son las peores. Hay que excluir a todos éstos de nuestra antología, y yo juzgaría de un modo semejante aquellas otras grandes clases de Obras Logradas que, aunque hayan sido ejecutadas según el modelo de las primeras, no son señaladamente diferentes de ellas. Haydn vivió hasta una edad muy madura y nunca perdió destreza en la mano derecha; pero le faltó aprender una nueva habilidad. Al estilo de Peter Pan, continuó cuando ya era viejo componiendo las mismas cosas que había escrito veinte, treinta y cuarenta años atrás. Cuando no hay nada que distinga las creaciones de la madurez de un hombre de las de su juventud es superfluo incluir cualquiera de ellas en una selección de Obras Logradas características.

Esto nos deja, pues, con las Obras Logradas de aquellos artistas que han vivido sin cesar de aprender de la vida. El campo es relativamente estrecho, mas dentro de él, ¡qué asombrosos y a veces qué inquietantes tesoros! Uno no puede menos de pensar en la inefable serenidad de los movimientos lentos del *Cuarteto en La menor* de Beethoven, donde el ritmo pasa por toda la gama del preludio orquestal al *Benedictus* de su *Missa Solemnis*. Mas no es ésta la única disposición de ánimo del anciano. Cuando vuelve de la contemplación de la realidad eterna a una consideración del mundo humano nos encontramos en el regocijo positivamente terrorífico del último tiempo de su Cuarteto en Si mayor, regocijo completamente inhumano en que parecen oírse carcajadas violentas que semejan un eco del otro mundo. De la misma naturaleza aún mas inquietante si cabe es el regocijo que rebosa por todo el último acto del *Falstaff*, de Verdi, y que culmina en aquel coro final extraordinario en el cual el viejo genio hace su comentario más maduro del mundo, no amargo, ni satírico, ni sarcástico, sino en un inmenso paroxismo a contrapunto de risa póstuma.

Volviendo a las demás artes encontramos algo de la misma calidad no humana y póstuma en las últimas obras de Yeats, y acoplado con una prodigiosa majestad, en las de Piero della Francesca. Y luego tenemos *La Tempestad*, obra cargada con algo de la sobrenatural serenidad del *Benedictus* de Beethoven, aunque concluyendo en el más descorazonador anticlimax, con Próspero, que renuncia a su magia por el gusto (¡Dios nos asista!) de volverse de nuevo duque.

¿Y qué decir de las Obras Logradas del Greco, por ejemplo, aquella inimaginable *Inmaculada Concepción*, de Toledo, con su fantástica armonía de colores brillantes y fríos, sus gestos extáticos en un cielo con una tercera dimensión no mayor que la de un pozo minero, su delicuescencia de carne, flores y ropaje en una serie de abstracciones ectoplásmicas? ¿Qué diríamos, pues, de aquéllas? Todo lo que sabemos es que, bellas y supremamente enigmáticas, tendrían su lugar adecuado en nuestra hipotética antología.[*]

Y, por fin, entre estas y otras Obras Logradas extraordinarias habríamos de enumerar los cuadros, dibujos y grabados de los últimos veinticinco o treinta años de Goya.

La diferencia entre Goya joven y Goya viejo puede estudiarse y apreciarse comenzando una visita por el piso

*Véase, A. Huxley: *Las agallas de El Greco*, casimiro, Madrid 2013

bajo del Museo del Prado, donde están expuestos sus cartones para tapices; subiendo desde allí al piso principal, donde hay una sala repleta de sus retratos de reyes imbéciles, Grandes, duquesas encantadoras, majas vestidas y desvestidas, y desde allí a una sala más pequeña que contiene dos cuadros grandes: *El Dos de Mayo*, con los mamelucos de Napoleón acuchillando a la multitud, y *Los fusilamientos del tres de Mayo*, con sus pelotones de ejecución pasando por las armas a sus víctimas a la luz de las linternas. Y, finalmente, subiendo al piso superior, donde cuelgan los grabados y dibujos junto con aquéllas inefables, misteriosas y estremecedoras "pinturas negras" con las cuales Goya, sordo ya, adornó el comedor de su casa, la Quinta del Sordo. Es un progreso del arte ligero y cordial del siglo XVIII y el más poderoso de los comentarios sobre los crímenes y locuras de la humanidad, hecho en términos de un convencionalismo artístico perfectamente adecuado para expresar precisamente esa extraordinaria mezcolanza de odio y compasión, desesperación y humor sardónico, realismo y fantasía.

"Te muestro la aflicción –decía el Buda– y el fin de la aflicción"; la aflicción del mundo fenoménico en el cual el hombre, "como un mono hambriento comete unas diabluras tan fantásticas ante los altos cielos capaces de hacer llorar a los ángeles", y el fin de la aflicción en la visión beatífica, la contemplación unitiva de la realidad trascendental. Aparte del hecho de que es un artista grande, y pudiéramos decir original y único, Goya se hace notar por ser en sus Obras Logradas el tipo casi perfecto del hombre que sólo conoce la aflicción y no el fin de la aflicción.

A pesar de su virulento anticlericalismo, Goya se las arregló para estar en las suficientes buenas relaciones con la Iglesia como para recibir encargos periódicos de pinturas religiosas. Algunas de éstas, como los frescos de la cúpula de [San Antonio de] la Florida,* son francamente seglares. Pero otras son ensayos serios de pintura religiosa. Vale la pena mirar de cerca a la que es probablemente la mejor de estas piezas religiosas: la fina *Agonía en el Huerto*. Con los brazos extendidos, Cristo alza hacia el ángel consolador una cara cuya expresión es idéntica a la de aquellas pobres criaturas que vemos muchas veces en inolvidables cuadros y grabados, arrodilladas o de pie en una atormentadora anticipación delante de los fusiles de un pelotón de ejecución francés. Aquí no hay traza de aquella amable confianza que, aún en las horas más desoladas, llena los corazones de hombres y mujeres que viven continuamente en la presencia de Dios; ni siquiera un atisbo de lo que San Francisco de Sales llama "santa indiferencia" ante el sufrimiento y la buena fortuna, de la

* Véase, J. Carrete Parrondo: *Goya: San Antonio de la Florida*, casimiro, Madrid 2018

fundamental ecuanimidad, del paso apacible todo comprensión que ostentan todos los que tienen su atención fija sobre una realidad trascendental.

Para Goya no existía la realidad trascendental. Ni en su biografía ni en sus obras hay pruebas de que haya tenido ni siquiera la más remota experiencia personal de ella. La única realidad que él conoció fue la del mundo que le rodeaba; y cuanto más vivía, más sobrecogedor le parecía aquel mundo; más sobrecogedor, por supuesto, a los ojos de su ego racional. Pues siempre que su cuerpo se veía libre de dolor o de enfermedad, su naturaleza animal bullía irreprimiblemente hasta el mismo fin. Cuando era joven, de buena salud, con dinero y reputación, buena posición y cuantas mujeres quería, encontraba el mundo agradable. Absurdo, por supuesto, y con tontería y maldad suficientes para suministrarle materia de innumerables dibujos satíricos, pero que bien valía la pena de vivirse. Mas de pronto le sobrevino la sordera y, después del alegre alborear de la revolución, Napoleón y el imperialismo francés con las atrocidades de la guerra. Y cuando las hordas de Napoleón se hubieron marchado, el inefable Fernando VII y la reacción clerical con el espectáculo de los españoles peleando entre sí. Y todo el tiempo, como el zumbido de la gaita acompañando los ruidos mayores de lo que oficialmente se conoce con el nombre de historia, la enorme estupidez del tipo humano medio, la crónica endeblez de sus supersticiones, la bestialidad de sus violencias y orgías ocasionales.

Con realismo o en alegorías fantásticas, con una maestría técnica que iba en aumento con la edad, Goya lo fue registrando todo. No sólo las agonías soportadas por su pueblo a manos de los invasores, sino también las locuras y crímenes cometidos por individuos de este mismo pueblo en sus tratos unos con otros. Los grandes lienzos de las matanzas y ejecuciones en Madrid, los grabados incomparables de los *Desastres de la Guerra*, nos llenan de indignación y lástima. Mas entonces nos volvemos a los *Disparates* y a las *Pinturas Negras*. En éstas, con una ferocidad sublime e imparcial, Goya consigna exactamente lo que él piensa de los mártires del *Dos de Mayo* cuando éstos no están siendo martirizados. He aquí, por ejemplo, a dos hombres –dos españoles– sumergiéndose lentamente en la muerte de un remolino de arena movediza y, no obstante, ocupados en darse de garrotazos. Y allí se ve a la plebe que vuelve de una romería, grupos de caras viles, retorcidas como si las viera reflejadas en el fondo de una cuchara, todos gritando con la boca abierta. Y todos con los ojos en blanco vacíos, mirando en distintas direcciones con miradas de idiota.

Estas criaturas que ocupan como una obsesión las Obras Logradas de Goya son inefablemente horrendas, con el horror de las mentes vacuas, la animalidad y la oscuridad espiritual. Y en la superficie de este infierno por donde pululan aquéllas, hay un mundo de malos sacerdotes y frailes sensuales, de mujeres fascinadoras cuyo amor es "el sueño de la mentira y la inconstancia", de nobles fatuos y, en la cúspide de la pirámide social, una familia real de mentecatos, sadistas, mesalinas y perjuros.

La moral de ello está toda resumida en el grabado central de los *Caprichos*, en el cual vemos al mismo Goya con la cabeza apoyada en los brazos echado encima de su mesa y durmiendo caprichosamente mientras que por encima está el aire poblado de murciélagos y lechuzas de necromancia, y precisamente detrás de su silla yace un enorme gato de bruja, tan malévolo como sólo lo son los gatos de Goya, contemplando al durmiente con ojos funestos. En el lado de la mesa están trazadas las palabras "El sueño de la razón produce monstruos". Es un encabezamiento que admite más de una interpretación. Cuando la Razón duerme, las criaturas odiosas de la superstición se despiertan y permanecen activas incitando a sus víctimas a un innoble frenesí. Pero no es esto todo. La Razón puede también soñar sin dormir; puede emborracharse como hizo durante la Revolución francesa, con los sueños de día del inevitable progreso, de libertad, igualdad y fraternidad impuestas por violencia, de autosuficiencia humana y fin de la aflicción, no por el

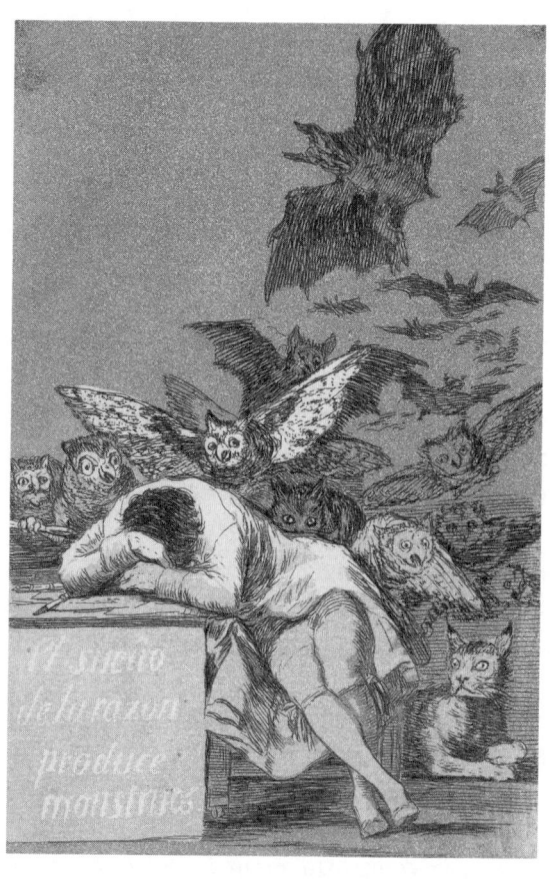

El sueño de la razón produce monstruos, aguafuerte de la
serie *Los caprichos* publicada en 1799

método demasiado arduo que por sí solo ofrece cualquier perspectiva de éxito, sino por reajustes políticos y una tecnología mejor. *Los Caprichos* se dieron a la estampa en el último año del siglo XVIII; en 1808, Goya, como toda España, tuvo la oportunidad de descubrir las consecuencias de tales sueños de día. Murat dirigió sus tropas hacia Madrid; los *Desastres de la Guerra* estaban a punto de empezar.

Goya produjo cuatro series de grabados: los Caprichos, los *Desastres de la Guerra*, la *Tauromaquia*, los *Disparates* y los *Proverbios*. Todos ellos son obras últimas. Los *Caprichos* no se publicaron hasta que su autor no cumplió los cincuenta y tres años; las planchas de los *Desastres* se grabaron entre los sesenta y cinco los setenta y cinco; la *Tauromaquia* vio primero la luz cuando el pintor tenía setenta y nueve años (y la edad de casi ochenta años aprendió la nueva técnica de la litografía con el fin de poder hacer justicia a sus amados toros en otro medio distinto); los *Disparates* se terminaron cuando su autor tenía setenta y tres años.

Para los que no son españoles, los grabados de la serie de la *Tauromaquia* es probable que parezcan los menos interesantes de Goya. Son registros brillantes de las hazañas de la plaza de toros; pero desgraciada o afortunadamente, la mayoría de nosotros sabemos muy poco de las corridas de toros. Por consecuencia, nos perdemos los finos matices del significado de estas pequeñas obras maestras de arte documental. Además, siendo documentales, los grabados de la *Tauromaquia* no se prestan en sí para ser ejecutados con esa espléndida audacia, ese dramático aliento de ejecución que nos deleitan en los últimos cuadros y en los grabados de las otras tres series. Cierto que en esta colección hallamos unas pocas planchas que son tan finas como cualesquiera de las obras producidas por Goya; por ejemplo, ese admirable grabado del toro que acaba de irrumpir en la arena y se yergue triunfador con un cuerpo humano suspendido en los cuernos, en medio de los bancos de espectadores. Mas en general no es a la *Tauromaquia* donde acudimos para ver las mejores muestras de la obra de Goya en negro, ni para hallar las expresiones más características de su madura personalidad. Por la naturaleza del tema le resulta imposible revelarse ni como hombre ni como artista.

De las otras tres series de grabados, los *Caprichos* y los *Disparates* son fantásticos y alegóricos en cuanto a su tema, mientras que el tercero, los *Desastres*, aunque en su mayor parte representan sucesos reales habidos bajo el terror napoleónico, los representa de un modo que, siendo generalizado y simbólico más bien que directamente documentable, permite y hasta exige una interpretación no menos amplia y dramática que la que se da a las fantasías de las demás colecciones.

La guerra debilita siempre y a veces hace añicos la corteza de decencia de costumbres que constituye una civilización. Durante las épocas mejores es esta una corteza fina y por debajo de ella yace...¿qué? Examinad cuidadosamente los Desastres de Goya y descubriréis un abismo insondable de *bestialidad* y sufrimientos demoníacos. No hay prácticamente nada de que no sean capaces los seres humanos cuando la guerra, la revolución o la anarquía les da la necesaria oportunidad y excusa. Y sólo la muerte impone un límite a tales dolores.

El registro de los desastres de Goya tiene una cantidad de temas periódicos. Hay esas arquerías más siniestras si cabe que las de *Las Prisiones*, de Piranesi,* donde se violan mujeres, los prisioneros se agazapan locos de terror, yacen cadáveres putrefactos y niños extenuados a punto de morirse de hambre. Luego hay esquinas confusas donde aparecen los hambrientos con las manos extendidas; mas los bárbaros húsares franceses y los *carabinieri* los miran sin piedad y hasta los españoles ricos pasan a su lado con indiferencia coma si fueran "de otro linaje". De una periodicidad más frecuente en la serie son las crestas de esos cerros desnudos de vegetación en los que yacen los muertos como un detrito más. En otros lados, en dramática silueta que se recorta sobre el cielo, vemos la horrenda carnicería de españoles de ambos sexos, la

*Véase, A. Huxley: *Las cárceles de Piranesi*, casimiro, Madrid 2012

no menos horrenda venganza impuesta por los feroces españoles a sus verdugos. A veces brota en el cerro un solo árbol, siempre bajo, a veces mutilado por la metralla. En las ramas se ven empalados torsos desnudos completos, a veces decapitados, a veces sin brazos. O bien un par de piernas amputadas o una cabeza separada del tronco a modo de advertencias, puestas allí por los invasores, de la suerte que aguarda a quienes se opongan al Emperador. Otras veces el árbol se usa como patíbulo, patíbulo bastante menos eficaz en efecto que aquel roble majestuoso que en las *Misères de la Guerre*, de Callot, lleva como fruto más de una veintena de cuerpos oscilantes, pero bastante bueno para un par de ejecuciones *en passant*, excepto en el caso registrado por Goya en una de sus planchas más espeluznantes, en la cual el árbol es lo bastante achaparrado para permitir colgar a un hombre ligeramente despegado del suelo. Mas allí está la cuerda no menos cierta, y para apretar el nudo en el cuello de la víctima dos soldados franceses tiran de las piernas mientras que un tercero aprieta con todas sus fuerzas con el pie en el hombro de la víctima.

Y así prosigue el registro de los hechos, un horror tras otro, sin que lo amortigüe ninguno de los esplendores que otros pintores han podido descubrir en la guerra, pues, y esto es significativo, Goya no ilustra jamás una boda, nunca muestra masas impresionantes de tropas marchando en columna o desplegadas en orden de batalla. A él no le interesa nada más que la guerra en cuanto afecta a la población civil, con ejércitos desintegrados en ladrones individuales y estupradores, verdugos y atormentadores; y algunas veces, cuando los guerrilleros han ganado una escaramuza, en víctimas individuales torturadas a su vez y martirizadas hasta la muerte por los vengadores de sus anteriores atrocidades. Todo lo que nos muestra son los desastres de la guerra y sus miserias, sin ninguna de sus glorias ni siquiera alguno de sus aspectos pintorescos.

En las dos restantes series de grabados pasamos de la tragedia a la sátira, y del hecho histórico a la alegoría y metáfora pictórica y pura fantasía. Veinte años separan los *Caprichos* de los *Disparates*, y la última colección es inmediatamente más sombría y enigmática que la primera. Mucha parte de la sátira de los *Caprichos* es sencillamente una versión más aguda de Goya de lo que pudiéramos llamar humor corriente del siglo XVIII. Una plancha tal como *Hasta la Muerte*, que muestra a una vieja ramera ante el espejo probándose con coquetería un adorno de cabeza nuevo, puede con alguna diferencia pasar como de Rowlandson. Pero en ciertos otros grabados se contiene una nota más extraña y más inquietante. La manera de interpretar Goya este material es tal que el humor corriente del siglo XVIII sufre a veces una muta-

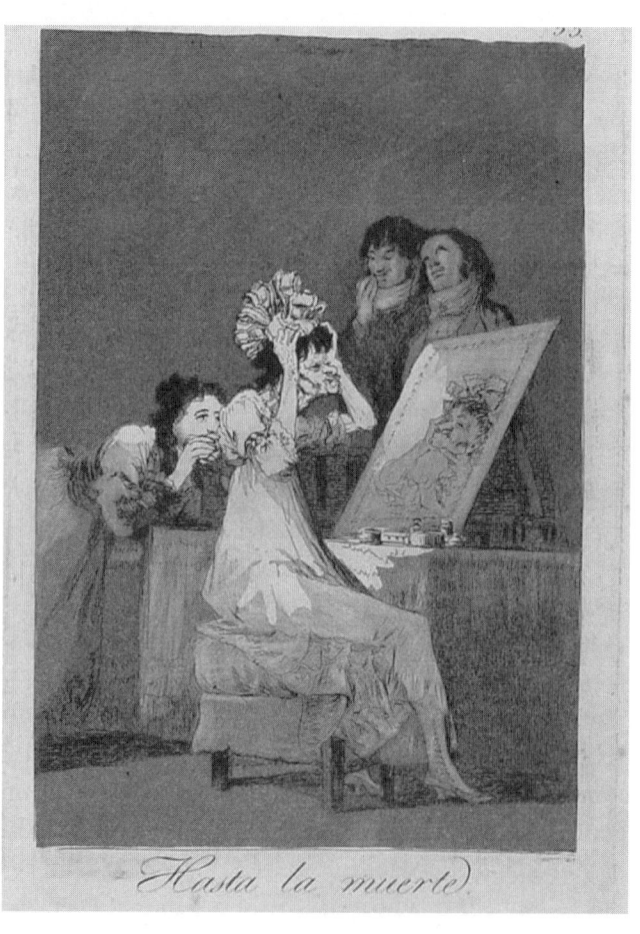

Hasta la muerte, aguafuerte de la
serie *Los caprichos* publicada en 1799

ción que le convierte en otra cosa más sombría y extra-vagante, algo que va por bajo de la superficie anecdótica en que yace: las insondables profundidades del pecado original y la primitiva estupidez. Y en la segunda mitad de la serie el tema refuerza el efecto del trato poderoso y dramáticamente siniestro, pues aquí el tema de casi todas las planchas es bajamente sobrenatural. Estamos en un mundo de demonios, brujas y familiares, semihorrible, semiótico, pero atrozmente inquietante en cuanto que revela lo que sucede en las endebles catacumbas de la mente humana.

En los *Disparates*, la sátira es en general menos directa que en los *Caprichos*; las alegorías, más generales y misteriosas. Consideremos, por ejemplo, la plancha asombrosa desde el punto de vista técnico que representa a una gran familia de tres generaciones posada como aves acurrucadas en una enorme rama de árbol muerto. Es evidente que aquello significa más que lo que se ve a simple vista. ¿Pero qué? Los comentadores han empleado en contestar a esta pregunta una gran dosis de ingenuidad y empleada, podríamos decir, en vano. Pues la sátira, al parecer, no se dirige contra este mal particular, ni contra aquel error político, sino más bien contra la naturaleza humana irregenerada como tal. Es una afirmación en forma de imagen, de la vida en general. La literatura y las escrituras de todas las grandes religiones abundan en metáforas breves semejantes que son como veredictos del destino humano. El hombre da vueltas a la rueda de los dolores, se abrasa en el fuego del deseo, atraviesa este valle de lágrimas y lleva una vida que no es mejor que la historia contada por un idiota y que no tenga significado alguno.

Poor man, what art? A tennis ball of error
A ship of glass tossed in a sea of terror;
Issuing in blood and sorrow from the womb,
Crawling in tears and mourning to the tomb.
How slippery are thy paths, how sure thy fall!
How art thou nothing, when thou art most of all!*

Y así sucesivamente. Buenas, malas e indiferentes, las citas podrían multiplicarse casi hasta el infinito. En el lenguaje de las artes plásticas, Goya ha contribuido con unos cuantos ejemplares al acervo gnómico de la humanidad.

El *disparate* de la rama muerta es relativamente fácil de comprender. Así el comentario sobre el miedo conteni-

---

* ¿Qué eres tú, pobre hombre? Una sucesión de desatinos, una frágil barquichuela arrojada en medio de un mar tenebroso. Inundado de sangre y lágrimas desde el seno materno. Arrastrándose hasta la tumba en medio de dolores y aflicción. ¡Cuán escurridizas son tus sendas y cuán segura tu caída! ¡Qué poco eres, cuando tú eres lo más importante de todo! Del poema *On an Hour-Glass* de John Hall (1627-1656)

do en el grabado que muestra unos soldados huyendo aterrorizados de una gigantesca figura encapuchada y espectral que se recorta sobre un cielo negro azabache. Así es el grabado de la mujer que sonríe extática cabalgando un caballo garañón que vuelve la cabeza y mordiéndole la falda trata de derribarla de la silla. El empleo alegórico del caballo como símbolo de los sentidos y las pasiones, y del jinete que está en libertad de dirigirlo o dejarse llevar por él, es por lo menos tan antiguo como Plauto.

Pero hay otras planchas en que el simbolismo es menos claro y el significado alegórico incierto. Ese caballo en el alambre, por ejemplo, que lleva una mujer bailando en la grupa; los hombres que vuelan con alas artificiales sobre un cielo que amenaza tormenta; los clérigos y el elefante; el viejo vagando entre fantasmas. ¿Qué significa todo esto? Y acaso la respuesta a esta pregunta sea que no tienen ningún significado en el ordinario sentido de la palabra y que se refieren simplemente a acontecimientos particulares que sucedieron en los oscuros estratos de la mente de su creador. Para los que los contemplamos quizá su verdadera significación consista precisamente en el hecho de que representen de un modo tan vivo (y, no obstante, tan oscuro e incomprensible) algunas, al menos, de las cosas desconocidas que existen en el corazón de toda personalidad.

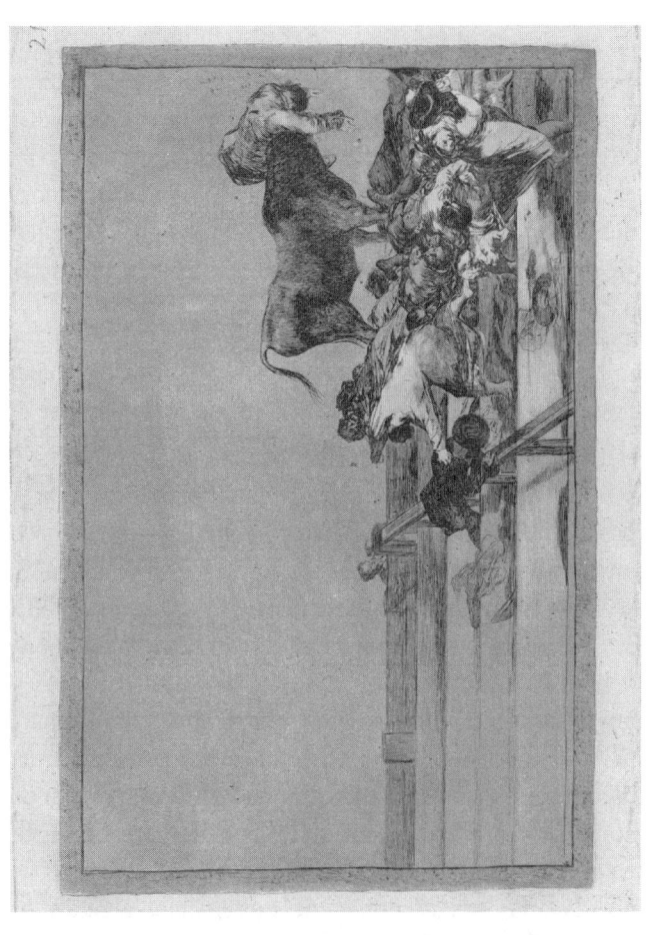

Desgracias acaecidas en el tendido de la plaza de Madrid,
grabado de la serie *La tauromaquia,* 1816

Una vez Goya trazó el dibujo de un hombre viejo tambaleándose bajo la carga de los años, pero con el siguiente rótulo: "Todavía estoy aprendiendo." Ese viejo era él mismo. Hasta el final de una larga vida siguió aprendiendo. Cuando aún era muy joven pintaba como los eclécticos débiles que fueron sus maestros. Los primeros signos de poder, frescura y originalidad aparecen en los cartones que hizo para los tapices, de los cuales los primeros los hizo cuando tenía treinta años. Como retratista, sin embargo, no produjo nada sobresaliente hasta casi los cuarenta. Mas por entonces ya sabe lo que persigue y durante los segundos cuarenta años de su vida se mueve con paso firme hacia aquellas consumadas obras, técnicamente perfectas, al óleo, de las *Pinturas Negras*, y en grabados, de los *Desastres* y los *Disparates*. El de Goya es un desarrollo estilístico que se liberó de restricciones hasta llegar a la libertad, libre de timidez hasta llegar a la audacia expresiva.

Desde el punto de vista técnico, el hecho más notable de todas las pinturas y grabados de Goya es que están compuestos en términos de una o más masas claramente delimitadas sobresaliendo del fondo, a veces hasta recortadas en el cielo. Cuando intenta lo que puede calificarse como "obra acabada", el ensayo rara vez tiene éxito. Porque carece casi por completo de la facultad que Rubens poseía de un modo tan conspicuo: la facultad de llenar el lienzo entero con figuras o detalles de paisaje, y sobre aquel plenum imponer un orden tridimensional claro y, sin embargo, exquisitamente sutil. La falta de esta capacidad se hace notar ya en los cartones de los tapices, de los cuales los mejores son invariablemente aquellos en que Goya hace su composición en términos de masas destacadas, y los peores aquellos en que intenta organizar una colección de figuras distribuidas por todo el lienzo. Y comparad, desde este punto de vista, los dos cuadros de *El Dos de Mayo* desde, los mamelucos acuchillando a la multitud en la Puerta del Sol, y los pelotones de ejecución haciendo su obra en los suburbios, después de la puesta de sol. El es un intento de hacer lo que Rubens habría hecho con una casi excesiva facilidad: imponer un orden formalmente bello y dramáticamente significativo sobre una multitud de figuras humanas y animales cubriendo la mayor parte del lienzo. El intento no tiene éxito, y a pesar de sus facultades y de la belleza de sus partes componentes, el cuadro en general es menos satisfactorio como composición, y por ese motivo de asunto menos conmovedor, que su compañero, en el cual Goya prepara sus figuras en una serie de grupos equilibrados claramente delimitados que contrastan dramáticamente uno con otro en el fondo. En este cuadro, el artista está hablando su lengua nativa, y por eso puede expresar lo que quiere decir con la máxima fuerza y claridad. No es éste el caso con el cuadro de los mamelucos. Aquí el lenguaje formal no es ciertamente el suyo propio, y por consecuencia su elocuencia carece de la facultad móvil que posee cuando se deja llevar del idioma genuinamente goyesco.

Afortunadamente, en los grabados Goya se ve rara vez tentado a hablar de otra cosa. Aquí compone casi exclusivamente en términos de masas muy separadas, destacadas en grises luminosos y blancos contra una oscuridad que va desde un color pimentón claro al negro intenso, o en negros y grises muy recargados que contrastan con la blancura del papel virgen.

Algunas veces hay solo una masa, a veces varias, equilibradas y contrastadas. Casi nunca comete el fatal error de tratar de organizar su material en una composición acabada.

Con los *Desastres* y los *Disparates*, su maestría de este su método ingénito de composición hácese, podríamos decirlo, absoluto. No es, por supuesto, el único método de composición. En efecto, la naturaleza de este idioma artístico particular es tal que probablemente hay ciertas cosas que no pueden expresarse nunca con él, cosas que Rembrandt, por ejemplo, pudo decir en sus hermosas y sutiles ilustraciones de la *Biblia*. Pero dentro del campo que prefirió cultivar, el que su idiosincrasia y temperamento, así como la calidad de su sensibilidad artística, le impulsaron a preferir, Goya permanece en la Historia del Arte como algo incomparable.

Prólogo a *The Complete Etchings of Goya*,
Crown Publishers, Nueva York, 1943

EL GRAN ESPAÑOL GOYA
En su centenario

Ramón Gómez de la Serna

Desde la fundación de Pombo tengo por contertulio a Goya, y si elegí el recóndito café, fue porque allí se podía haber sentado el atisbador genial. Claro que también senté al maestro a nuestro lado porque no había de oír nuestras invenciones y disputas dado que era el maestro más cómodo, el maestro sordo.

Siempre he tenido por Goya sincero fervor, y no sólo en la hora del centenario.

Recuerdo, entre otras peregrinaciones en su honor, la que se celebró en San Antonio de la Florida con ocasión del último enterramiento de Goya.

La caja, pequeña –¡lo que menguan los grandes hombres!–, llevaba embalados unos huesecillos astillados –como si en el viaje se hubiese roto el regalo.

Mezclados los huesos de Goicochea –el amigo íntimo que cede sitio en su panteón al pintor–, tampoco se podía saber qué canilla era de Goya y cuál no era de él, ya que el cráneo de Goya no estaba en su féretro, cráneo desaparecido de un modo misterioso y que no se sabe si fue robado por los frenólogos, en la sazón de su éxito, cuando Goya muere, o por algún poeta romántico que en un asalto nocturno recogiese el trofeo para colocarle entre sus candelabros y sus versos.

Para anclar a Goya en su ermita y lograr salvar a los frescos del renegror de las candelas, quedó allí enterrado don Francisco aquella clara mañana, mientras su cráneo majado en el mortero de lo moderno condimentaba de espíritu el vivir contemporáneo, pues en la proporción de la cocina universal basta un cráneo de Goya para innumerables hombres en anchas distancias y extensos tiempos.

*

La hora es de hacer un resumen de Goya. Tanto se ha adelantado su centenario, que lo que no se apresure puede contar con que no se verá en la saturación tópica del verdadero día del cumplesiglos,

La vida de Goya en Fuendetodos no tiene interés, como no sea estudiando esa influencia de los montes ásperos en el espíritu que se jura huir de lo ingente y de lo híspido para ir a lo civilizado.

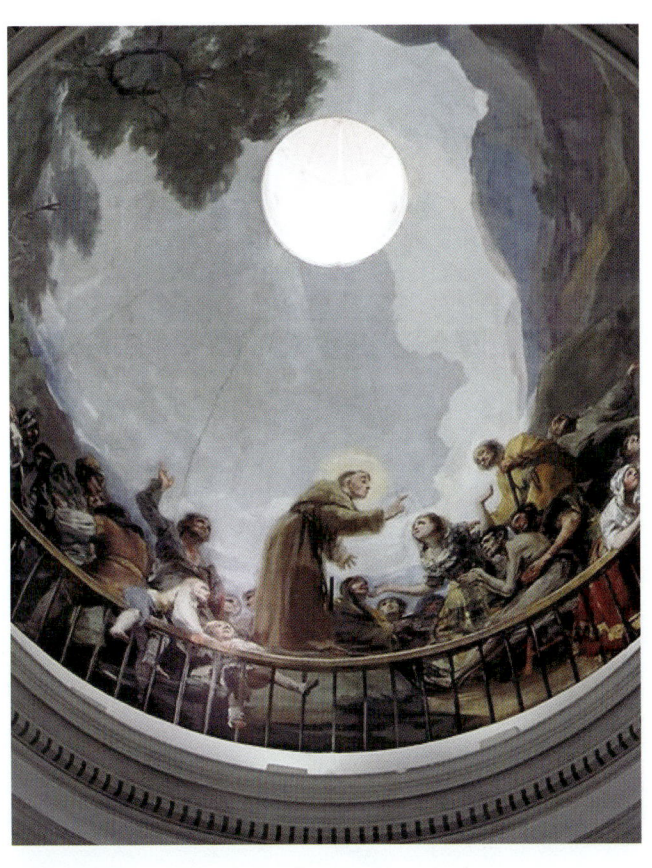

Fresco realizado en 1798 en la bóveda de la
Ermita de San Antonio de la Florida, Madrid

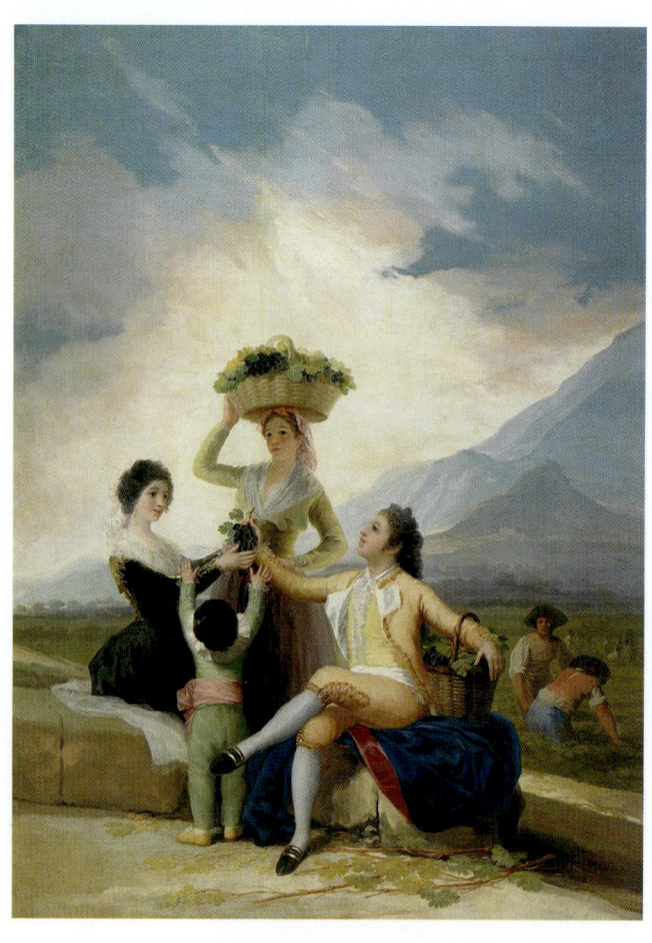

La vendimia, cartón, 1786
Museo del Prado, Madrid

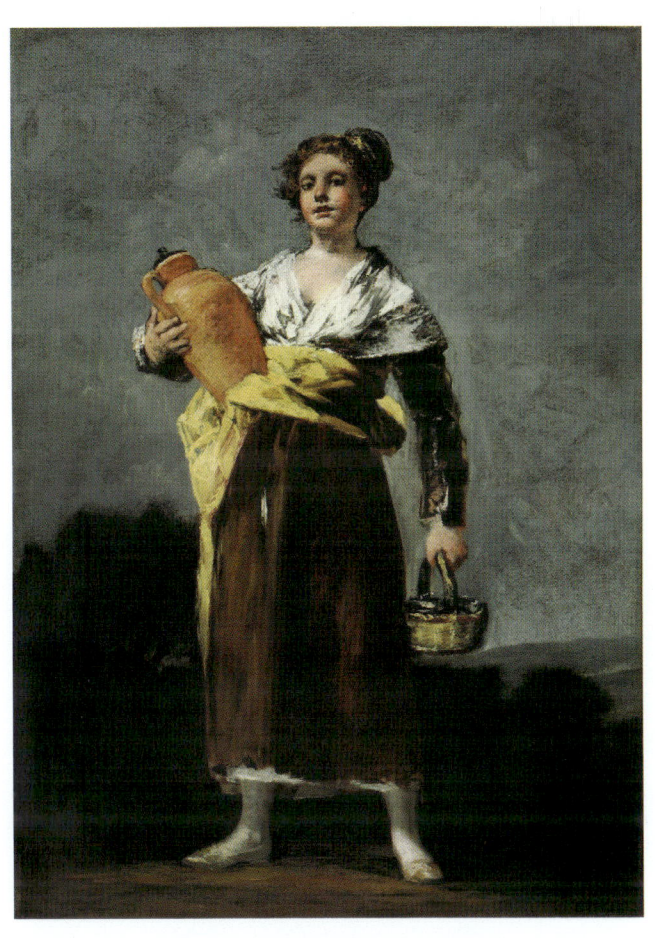

La aguadora, óleo, c. 1808-1812
Museo de Bellas Artes de Budapest

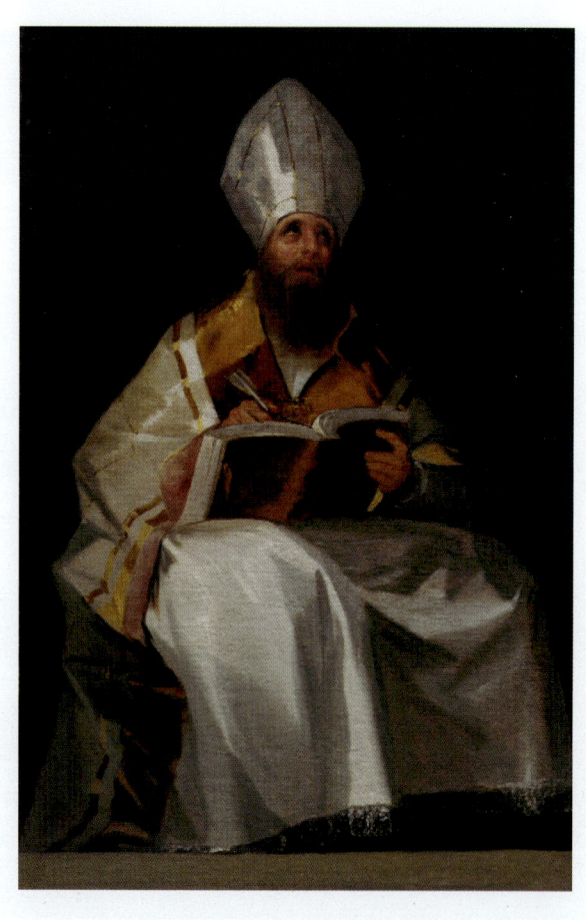

San Ambrosio, óleo, 1796
Cleveland Museum of Art

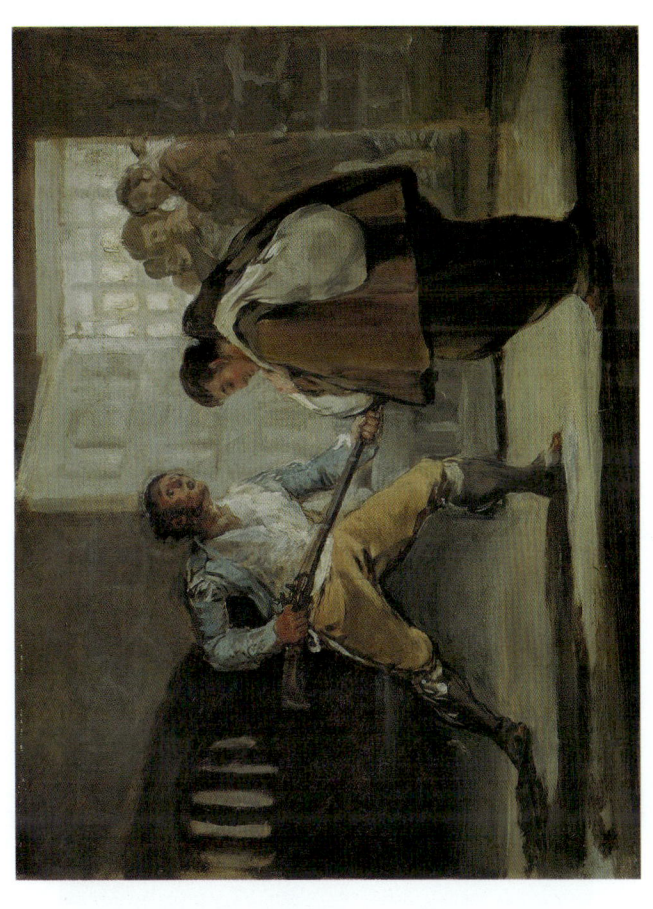

El maragato amenaza a Friar Pedro, óleo, c. 1806
Art Institute of Chicago

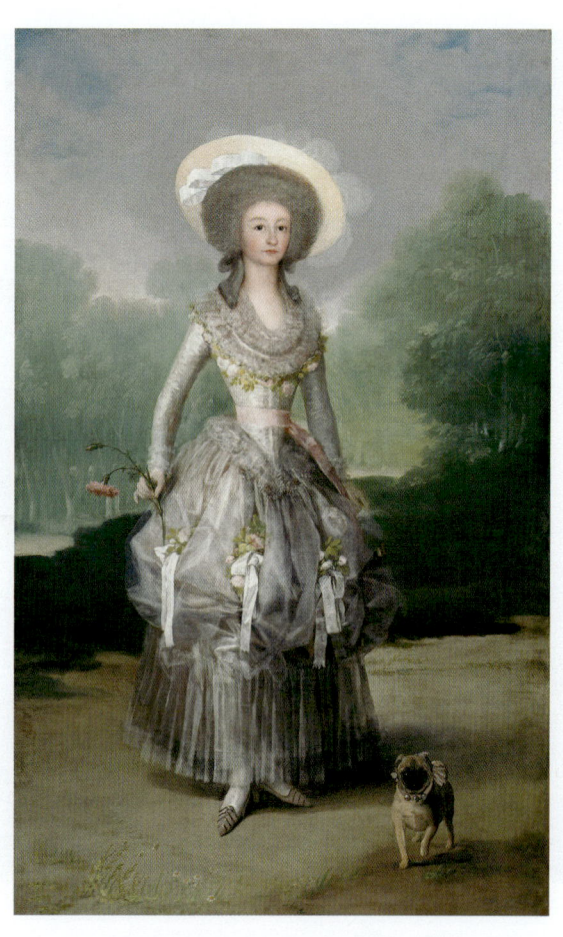

La marquesa de Pontejos, óleo, c. 1786
National Gallery of Art, Washington

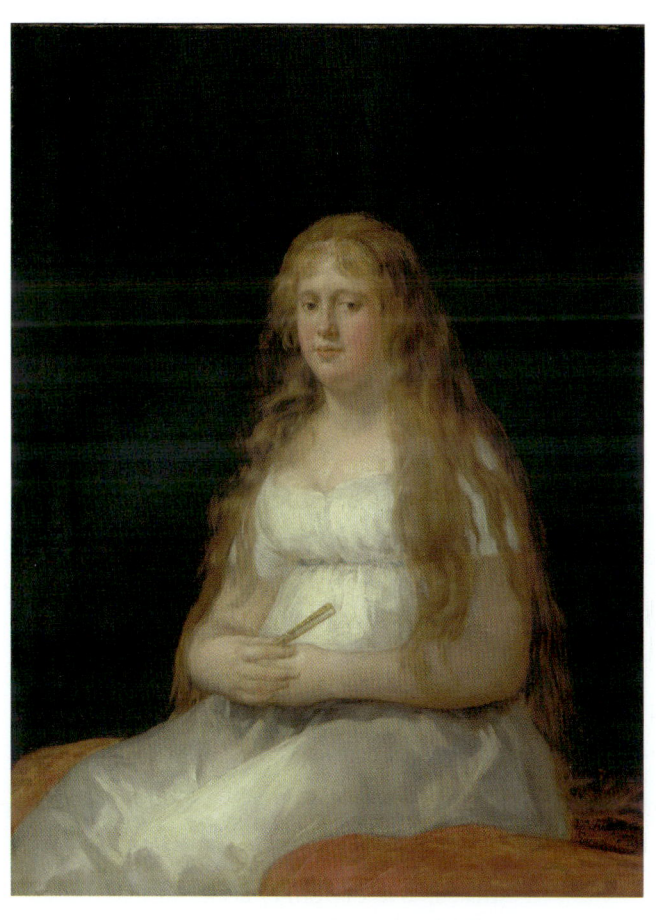

María Josefa de Castilla Portugal, óleo, 1804
Metropolitan Museum of Art, Nueva York

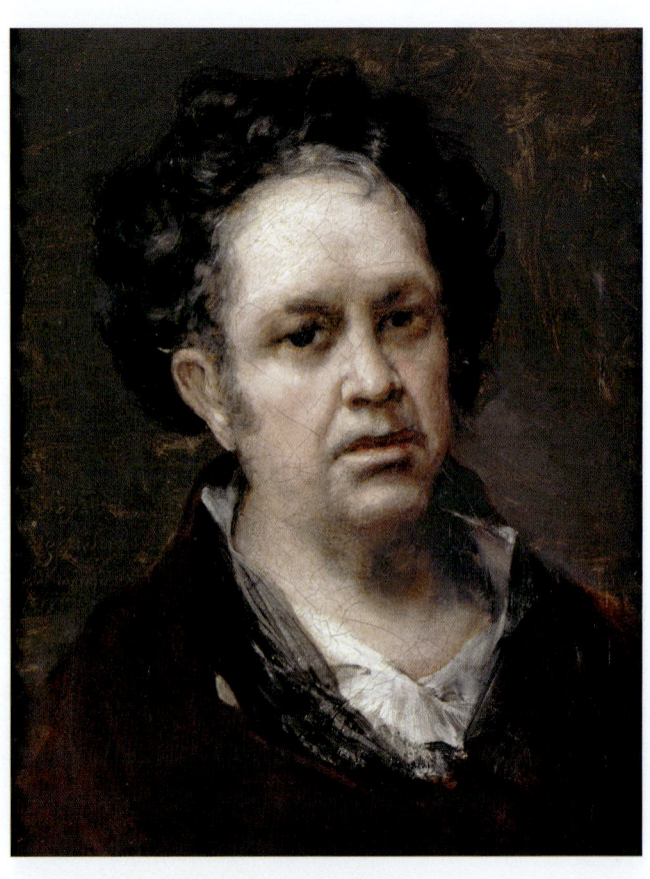

FRANCISCO JOSÉ DE GOYA Y LUCIENTES
(Fuendetodos, 1746 – Burdeos, 1828)
Autorretrato, óleo, 1815
Museo del Prado, Madrid

La vida genial de Goya no comienza sino cuando hace su operación sobre él la talla de Madrid, piedra dura y pulmoníaca en que se hacen fáciles y diestros para la luz los brutos geniales.

Madrid, sitio señalado para las selecciones, que de quien menos es, es de nosotros, los madrileños, le anima, le emula, le punza.

Goya se encuentra una pintura cortesana influida por Mengs, es decir, por el espolvoreamiento de lo suave y lo blanquinoso, que compone estructuras grisáceas, y Goya desempolva de esa frivolidad el arte y le devuelve la verdad de sus colores, el estilo delirante de sus más vivos tonos.

En la tertulia de la fonda de San Sebastián, en la plaza del Ángel, se reúnen, alrededor de D. Leandro Fernández Moratín, Montiano, Luzán, Clavijo, Cadahalso, Ayala, Iriarte, Signorelli, etc. Allí recala Goya, pero no es esa la influencia literaria que en él hace efecto, ya que, aunque modernos, esos hombres tienen un fondo clasicote por el que son correspondientes de los arcades romanos, en cuyos anales llevan nombres neoclásicos, siendo allí lejos *Flumisbo Thermodociaco* el nombre correspondiente a don Leandro Fernández.

Quizás en algún rincón de su espíritu el enciclopedismo deja su semilla, encontrando a través de Jovellanos el primer reflejo de la liberación que fue el "Contrato Social" de Juan Jacobo.

Goya, más intuitivo y precursor por gracia del azar, es influido por los primeros estrenos de D. Ramón de la Cruz, el escritor combatido en otros tiempos y al que no se le quería dejar entrar en el Parnaso porque se creía confusa y pobre su musa, encontrando indebido el que bajase a las lavanderías y diese, con toda sencillez, el eco de las riberas, sorprendiendo las meriendas y cuchipandas de la vida.

D. Ramón de la Cruz, madrileño, aunque hijo de padre aragonés también, da en toda su viveza el aura de la vida y logra impregnar la obra de Goya de una gracia popular y reverberante que no se había llevado a la pintura hasta entonces. Entre los dos hombres francos –Aragón es la región que mejor comprende a Castilla– encuentran con retoznería el grato optimismo de lo castizo y traman el tapiz que estaba esperando en su acuciosa malla el aire de Madrid.

Goya, en esa atmósfera diáfana y diamantina de Madrid, inicia la pintura porverinista con liberaciones de impresionismo.

Redimido de todo amaneramiento en la gran hilaridad de la fábrica de tapices, sube todos los días calle de Hortaleza arriba, hacia aquel final del Madrid de entonces que culminaba en el caserón pueblerino de la primitiva fábrica, enardeciéndose su sensualidad del color entre madejas de sedas y lanas teñidas de colores puros, y embriagándose en los grandes potes llenos de tintes relumbrantes de grasas metálicas e iridiscentes.

En ese complemento del símbolo en cifra que es la bandera, el tapiz, consigue en Goya el fruto histórico y geográfico en que vibra la novela española. La alegre espontaneidad con dotes plásticas que debe ser la pintura, intenta en él las primeras obras redimidas.

En sus retratos encuentra el valor psicológico de lo civil, y copia los primeros arquitectos de esa nueva edificación de la vida, dejando a un lado tercios, lanceros y generales. Los retratos en que la novela del retratado se refleja en torno de carne y mirada, son los que Goya pinta sin ningún énfasis,

Ya en el centro de sus principales obras logradas, Goya recibe el golpe de venablo en el corazón, y su genio se recrudece y se agrava. Es la hora de sus amores con la duquesa de Alba.

Para comprender bien esos amores de Goya que le llevan a la exaltación de la forma y de la gracia, hay que contar, además de con la transfiguración del hombre, gracias a su excepcionalidad, con las flechas.*

* Yo sabía que existían algunos dibujos inéditos de Goya, en gran parte de la colección Carderera que en 1867 adquirió el Gobierno, y en esta hora ávida de Goya, me fui derecho o su carpeta, abierta con toda amabilidad por mi inteligente condiscípulo Ángel Sánchez Rivero, jefe de la Sección de Estampas y crítico de arte de conciencia impasible a la vez que exaltada.

Entre esos dibujos inéditos se destacaban como los mejores y con mayor picardía anecdótica estos en que se reserva el revés como misterio sólo para los versados, y que Goya levantaría con sigilo ante los más íntimos. Pertenecientes al álbum en que Goya copió en mil posturas y arrumacos a la duquesa de Alba --de cae álbum es la duquesa en ese capricho maternal con que amamantó un negrito, ansiosa de convertirlo a la blancura-, se ve que esos dibujos son dibujos de broma íntima, y en ellos aparece esa mujer de cintura ideal sobre caderas ideales que fue la duquesa, pintada envidiosamente por detrás, ya que en la Maja sólo la había podido dar de frente, y como queriendo evocar la imagen de la *Venus Calipigia*, la que quiere decir traducida: *La Venus de las Bellas Nalgas.*

No sólo es la duquesa porque pertenecen esos dibujos al álbum de aquel viaje, sino porque su fisonomía es la de la duquesa, con la distancia entre nariz y boca que la caracterizó y con el rumbo de aquellos cabellos que fueron notable cascada de su cabeza, tan libera e ilusionada que siempre la pinta con alas de mariposa, como gran lazo vivo de su moño.

Bellos dibujos, con risueña máquina chinesca, son el hallazgo de esa carpeta, al pie de alguno de cuyos diseños ha escrito Goya de su puño y letra: "Es una locura guardar esto, pero de gustos nada se ha escrito."

El catálogo de la Colección de Estampas de la Biblioteca Nacional que escribió D. Ángel Barcia, dice escuetamente de estos dibujos que reproducimos:

"1.270.- Retrato de mujer (la duquesa de Alba). De pie, de frente, extendiendo el brazo izquierdo. Traje blanco con un volante. La parte inferior del dibujo añadida.

Al dorso otra figura.

(Del álbum que llevó Goya en el viaje a Sanlúcar con la duquesa.)"

"1.271.- Señora arreglándose el cabello (la duquesa de Alba). De pie, vuelta a la izquierda, levantados los brazos, se echa atrás la

Cuando conoce Goya a la duquesa de Alba tiene cuarenta y cinco años, y cuando pinta el retrato del palacio de Liria, en 1795, tiene cuarenta y nueve, y la duquesa, que nació en Madrid el 10 de junio de 1762, tiene treinta y tres años, y como se casó con el marqués de Villafranca en enero de 1775, o sea a los trece años, lleva veinte años de matrimonio, lo que la produce esa avidez de lo vario y lo desatado que primero la empuja hacia Goya y después hacia otros. (En 1796 7 se queda viuda, o sea a los treinta y cinco años.)

La predilección de la duquesa por Goya se manifiesta de modo discreto –y ya bastante indiscreto por ser aquella época poca de cubrir mucho las apariencias– en como señala la firma de é l en sus cuadros, con vasallaje y como diciendo, con sus maneras, el clásico "Viva mi dueño"; en cómo en la silueta de todo lo que en esa época dibuja y pinta Goya aparece la evocación de la duquesa, cuya encarnadura, esbeltez, cintura y caderas, figuran en la *Maja desnuda*, verdadera superación aristocrática y linda de los desnudos de mujer.

cabellera. Traje claro con encaje y corpiño con adorno de red y flecos.

Al dorso una Casta (?) Susana (?).

(Del álbum que llevó Goya en el viaje a Sanlúcar con la duquesa.)"

Breves notas en que el concienzudo Barcia da por seguro que es la duquesa el anverso, y en el reverso apenas se mete, procurando no subrayarlo, como si levantar el papel demasiado fuese pecaminoso.

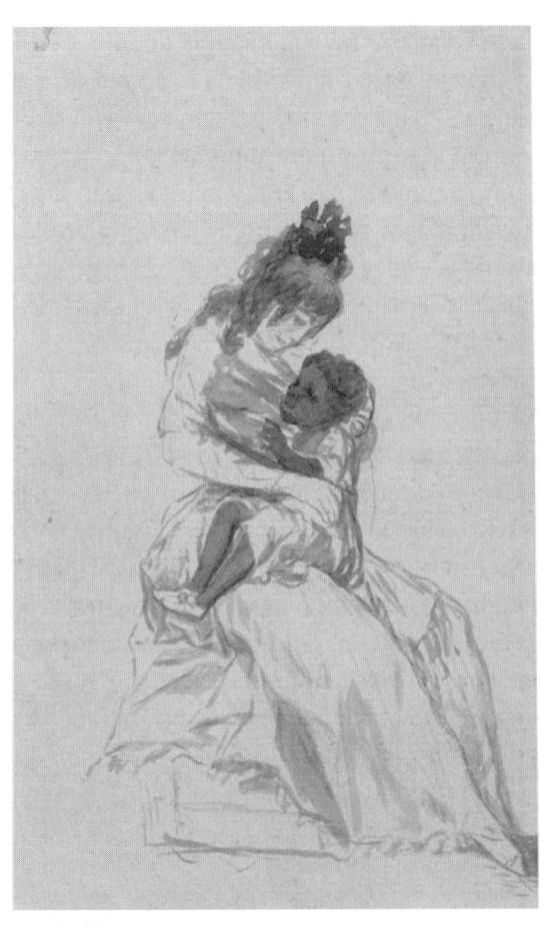

La duquesa de Alba teniendo en sus brazos a María de la Luz,
dibujo, Cuaderno A, llamado de Sanlúcar, c. 1794-1795

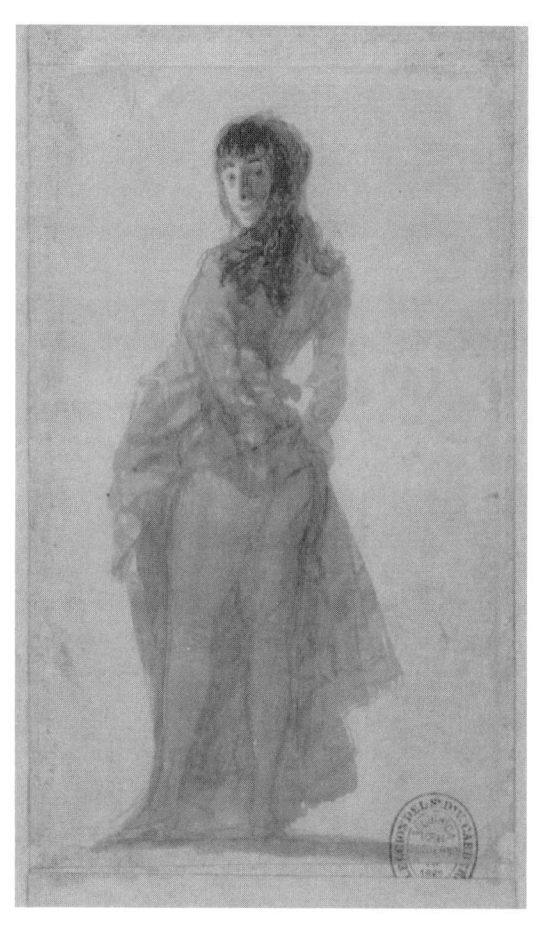

Mujer joven levantándose la falda,
dibujo, Cuaderno A, llamado de Sanlúcar, c. 1794-1795

Hay un viaje de Goya a Sanlúcar con la duquesa, medio emigrada de la Corte, y de ese viaje queda un álbum, que Calderera –juvenil contemporáneo de Goya– conserva y en que se pueden seguir las intimidades de ese viaje en larga soledad por los caminos y con una avería en la diligencia que dio más carácter a la película de noche y páramos.

Iriarte, que es un hombre serio, que documenta su obra en la España de 1860 y habla con el duque de Osuna y consigue la rica tradición oral por boca de Calderera Zapater y Madrazo, habla de este viaje a Sanlúcar y de la terrible avería en Despeñaperros, donde en la noche fría y abandonada Goya quiere recomponer el eje del coche, fundiéndolo al fuego de los troncos que recoge en las proximidades, enfriándose después de ese arrebato y debiendo más que nada a eso el que su sordera se hiciese definitiva. Las cartas del marqués del Espinar, hijo de Goya, que Iriarte dice haber leído, confirman que la sordera procede de esa osadía de forjador improvisado.

Deshojado el álbum de bolsillo que fue sirviendo a Goya para hacer el historial del viaje a Sanlúcar, ya sólo en la soledad y aislamiento de esos dibujos se puede encontrar esa duquesa de Alba que duerme la siesta, que se peina, que lee, que se pone una liga. Haber roto el hilván de ese álbum es uno de los pecados de irreparabilidad más graves que se han cometido en el mundo.

Hasta el odio de Goya por la duquesa de Benavente se debe a la influencia de la duquesa de Alba.

El gran pintor se vuelve ese menudo perrito de raza pequinesa por el que la duquesa gana el primer premio de la primera exposición canina de la historia. En muchos de sus dibujos, como una alusión con que intenta seducir a la dueña, figura ese perrillo que es capricho de la mariposeadora duquesa.

Hasta parece que Goya es el que consigue de la reina la amnistía para la duquesa y la devuelve al Madrid de sus excentricidades.

Pero todo hubiera quedado en el necesario y prudente silencio si la duquesa no hubiese sido tornadiza y Goya, con el más vivo mordiente, no hubiera grabado esas planchas elocuentes y expresivas en que la duquesa lleva el gran lazo versátil,* y entre las que él destaca la que con

* En las dos colecciones de Ayala y de Carderera aparecen dos aguafuertes de Goya, en cuya anotación, de indudable legitimidad, se escribe en la plancha número 27, titulada: *¿Quién más rendido?*: "La duquesa de Alba y el autor (Colección Ayala.) "Ni uno ni otro. Él es un charlarán de amor que a todas dice lo mismo; ella está pensando en evacuar cinco citas que tiene dadas entre ocho y nueve y son las siete y media." (Colección Carderera.) Y en la plancha 61, titulada *Volaverunt*: "La duquesa de Alba." "Tres toreros la levantan de cascos." (Colección Ayala.) "El grupo de brujas que sirve de peana a la petimetra, más que necesidad es adorno. Hay cabezas tan llenas de gas inflamable que no necesitan para volar ni globo ni brujas." (Colección Carderera.)

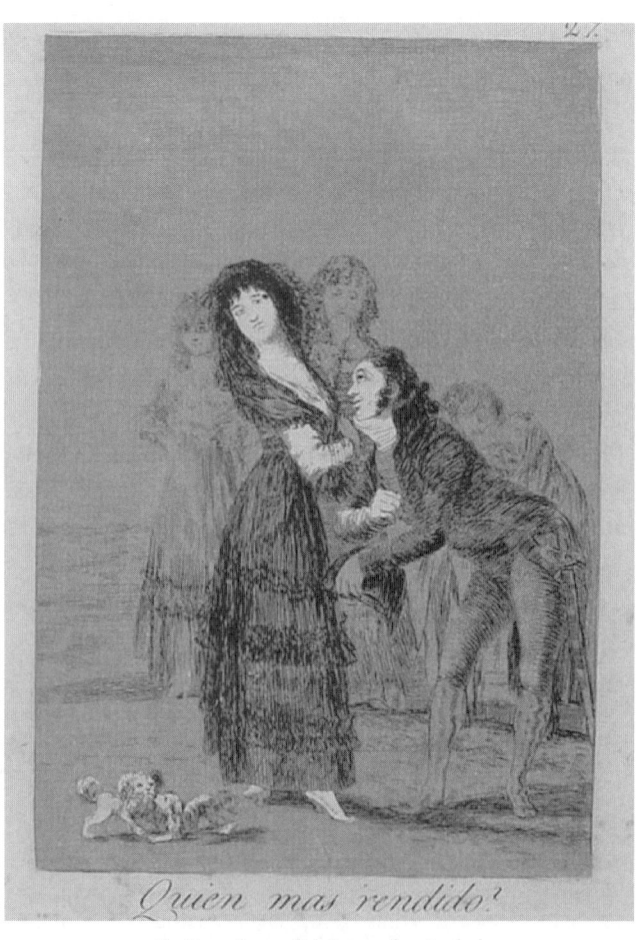

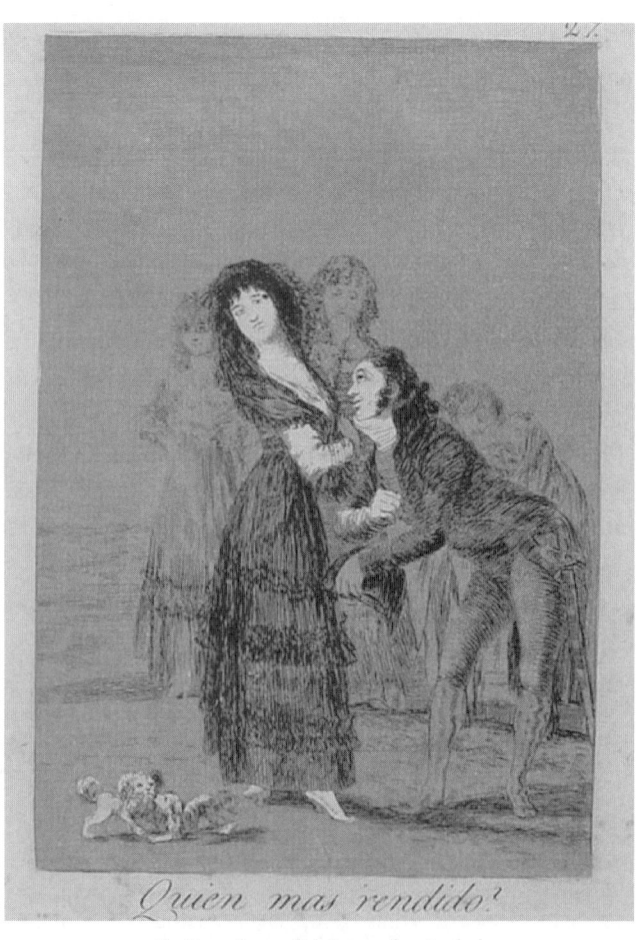

¿Quién más rendido?, aguafuerte de la
serie *Los caprichos* publicada en 1799

título stendaliano y baudeleriano se titula *Sueño de la Mentira y de la Inconstancia*.

Digno de atenta contemplación es ese Capricho en que Goya se enrosca al brazo derecho de la sonriente duquesa, que con una cara besa su frente mientras con la otra mira a otro lado y piensa en otro, del que recibe una misiva o un presente por mano de una azafata también con dos caras, la una mirando a Goya y la otra, más maliciosa, mirando a otro lado con sonrisa de alcahuetismo. En ese aguafuerte se destaca un castillo que quizás es el de Coca, patrimonial de los Albas, y se ve un hombre que, arrastrándose, marca, con un dedo en los labios, el silencio que necesita el celestineo, mientras en el suelo hay una máscara que asiste, con risa de tragicomedia, a la lucha de una serpiente y un sapo.

No creo que pueda tener sentido esotérico una cosa en que se refleja tan claramente la sospecha y miedo de quien ha acariciado el dulce y excepcional bien de la belleza palpitante y elevada. La hermana de la muerte es la infidelidad, y son un término que arrebata de miedo a las grandes pasiones.

La duquesa, que fue la primera mujer moderna de España y que hubiera sacrificado ya su suntuosa cabellera, si entonces se hubieran usado las cabelleras del día, destacó su cintura con iniciativa de audacia, y señaló con ceñimiento la perinola del desnudo. En competencia con

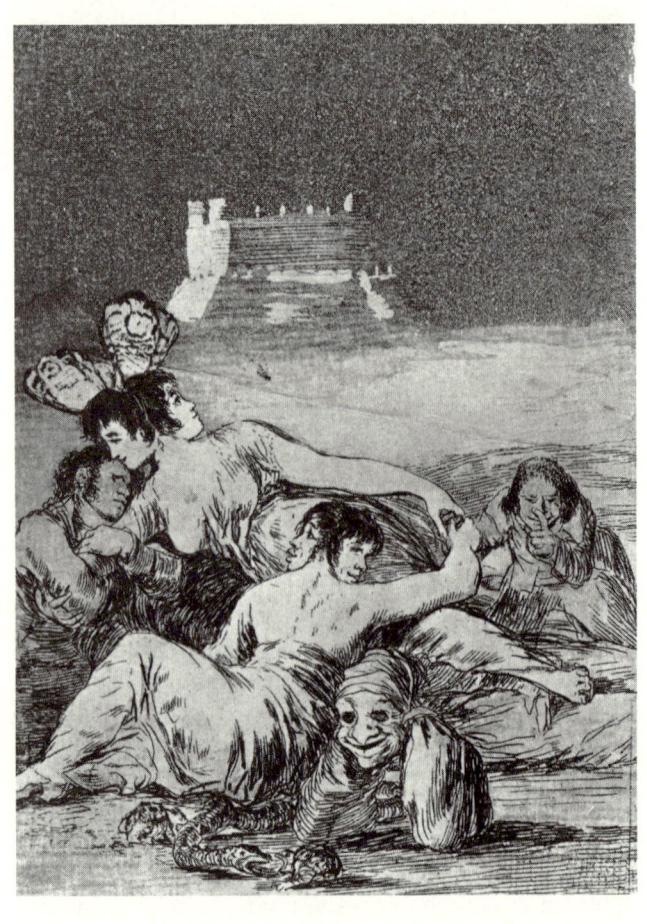

Sueño de la mentira y la inconsistencia, dibujo, c. 1797
Museo del Prado, Madrid

María Luisa, regaló una vez a sus criados una joya que la reina había regalado, como gran distinción, a un magnate, y las lavanderas del Manzanares la reconocían con simpatía, por lo contrario que a la reina, a la que un día en que iba de bracete con el favorito llegaron a decir: "Menos... coquetería y más pan."

La duquesa, en ese juego con Goya, que dura varios años, llega a ir, en julio del 1800, a que Goya la pinte sobre el propio rostro con caricia de cosquillas, rasgo entonces inaudito y hoy como vuelto a inventar por las artistas de cine, retratadas en plena excentricidad modernista, en el momento cíe ser ilustradas por un pintor.

La duquesa, verdadera elegida de los dioses, murió a los cuarenta años, el día 23 de julio de 1802, y está sepultada en Liria, acabando en ella esa rama de los Alba y volviendo el título a la rama de los Berwicks.

Goya queda impresionado para siempre por ese aperitivo del ideal, y gracias al arquetipo conseguido para la felicidad y la plástica, puede contrastar mejor todas las miserias y tristezas de su continuar viviendo y de su pensar en todo.

D. Francisco se refugia en sí mismo y comprende el desperezo y despertamiento que trae a España la irrupción francesa, aunque después, movido por la bárbara coacción del patriotismo cerril, tenga que ser el pintor de los grandes episodios de aquella lucha.

Escondido, por fin, y ya viudo, en su quinta del otro lado del Manzanares –su suspirado "campico"–, se rodea de sus propios sueños que afirma en las paredes de su casa, con embadurnamiento genial, pegando los colores con las hojas de las espátulas y recogiendo la inspiración que brotaba del atardecer del río seco, pues es argamasa de pesadilla esa espesa bruma que se cierne sobre el cauce del Manzanares, el Manzanarillos, como hay que llamarle en la intimidad.

Río de greda y légamo, permitía concepciones ninfescas con el barro puro y concepciones macabras y brujescas con su légamo negro, el légamo para los sapos y los dragones.

Goya ve ya la ciudad en perspectiva, y traza sus resúmenes enconados mirando ese Madrid que se yergue con sus cúpulas en los amaneceres llenos de campanadas.

Esa cosa de pájaros y árboles que hay en la pintura de D. Francisco, la encontraba en su vida ribereña, junto al río bajo en que se refugiaban, al temblor del agua, todos los pájaros escarmentados por la ciudad.

Goya tiraba flechas de pincel a cada pájaro que volaba por su jardín, y por eso figuran, entre las enramadas de sus acacias.

Es el San Isidro que hace fértil para el color la ribera sequeriza y encuentra entre estas acacias despeinadas y con matas en sus troncos –porque aún viven sin jardineros– el murmurio de la gracia. Es en aquel paraje donde la verdad castellana se dulcifica y enternece entre sus ranas sentadas en la margen del río, como lavanderas que no lavan, en postura de verdaderas lavanderas contemplativas.

Por allí se encuentra Goya esas parejas a las que no les importan las leguas y que de pronto aparecen muy lejos de la ciudad.

El jugo fresco y vital siempre lo encontró Goya en esos parajes en que meriendan los enamorados entre los corderos con esa mancha negra que es como si llorasen tinta, y donde los árboles que se ahuecaron de tiempo –como cajas de reloj de las que se llevaron la máquina–, reflorecen como garitas de ilusión.

Mirando los hombres de la huerta, agachados sobre los retoños y en paseos hasta la Granja del Atanor, Goya hace los resúmenes de España y tiene desagradables disputas con los guardas de la Casa de Campo, que no quieren acordarle el permiso excepcional de cazar los regordezuelos conejos reales.

Pero Goya ya está cansado de luchas, de ingratitudes, de tener que disimular hasta los gastos que son lujo que corresponde legítimamente a su excepción entre los hombres, y piensa ya en la dulce Francia llena de comprensión y que permite que se verifique sin rudeza la transición entre la vida y la muerte.

Burdeos, la patria del gran espíritu vividor y amplio que fue Montaigne, le acoge entre sus calles humedosas y ternes. Es época de asueto para Goya, que se dirige a ver los circos ambulantes y visita los gabinetes bordeleses con sus característicos relojes y candelabros sobre los ábacos.

Para que la muerte revelase más lo que era aquel corazón violento y sentimental, le sorprende por la emoción que le embarga al saber que su hijo Javier, el único superviviente de sus muchos vástagos, va a llegar a establecerse, por fin, a su lado. Acababa de sonar su año 82.

LAUDA FINAL

Primer humorista español, o sea, dominador del contraste que es base de ese nuestro humorismo en que triunfa la contraposición de lo blanco y de lo negro, de lo positivo y de lo negativo, de la muerte y de la vida, acertó corno nadie con la carnación vital del verdadero retrato.

En sus *Caprichos* se combate la superstición española contra la que ha de ir el primer dardo de los humorismos y va mucho mas allá de donde ha llegado el presente.

En esa obra manuscrita por la que tan caro es a los escritores, Goya embalsama una parte de misterio, que es el alcanfor por el que la obra pasa más directamente al porvenir y podrá, conservarse en el baúl de lo inmortal.

Lo que se atisba y no se sabe, lo que obsesiona y se puede estar seguro que no es sólo obsesión, es lo que reticea en los *Proverbios* y *Disparates*.

Serán esas estampas de Goya las que poder mirar cuando la mirada quiera estar perdida sin encontrar límites triviales y tópicos.

Revista de Occidente, nº 47, mayo 1927

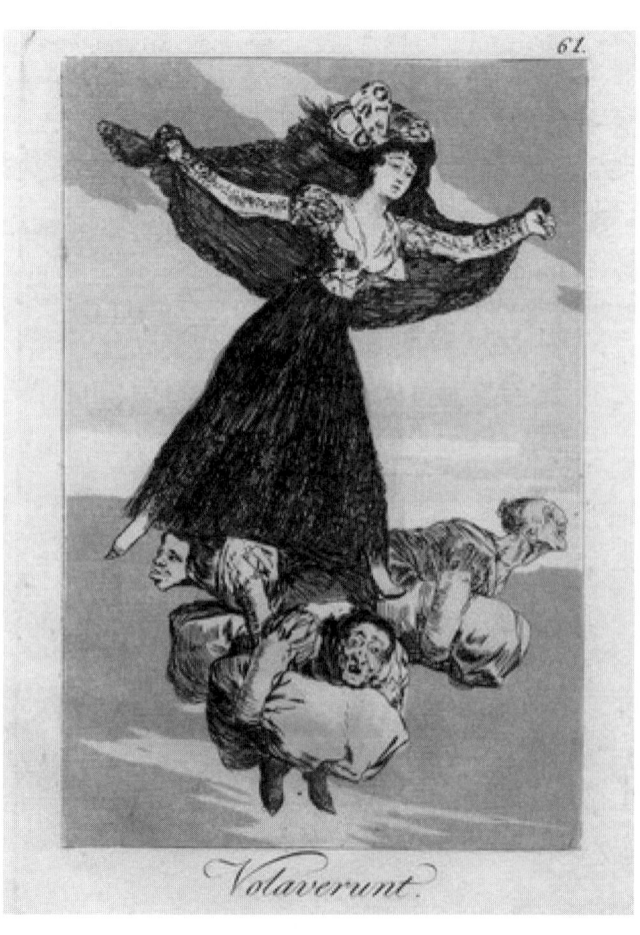

Volaverunt, aguafuerte de la
serie *Los caprichos* publicada en 1799

CONCEPTO DE GOYA

Ramón Gómez de la Serna

Estudiar la pintura de su tiempo para comprender a Goya, es un poco vano.

El artista se debe al espíritu subterráneo que hay en el país, a su grado de consciencia y de osadía, al atrevimiento que airea la ciudad en que vive, y, sobre todo, a su alma; porque un pintor genial es como un inventor, o un conquistador de nuevos mundos. Así como Colón descubrió América, Goya descubrió la pintura.

Al hablar de Goya se le empalma con los grandes pintores, como si hubiese nacido empalmado con ellos, cuando los maestros que hay que buscar para hacer la comparanza son maestros que caían lejos de su tiempo, y cuya influencia parecía retirada de la circulación.

Recoger una lección del pasado español en aquel momento, era difícil; porque no sólo no existía el museo del Prado, sino nada que se le pareciese, habiendo que recorrer los más recónditos conventos para encontrar algunos antecedentes del arte patrio, con ausencia de Velázquez y el Greco, aherrojados aún en la caverna de los justos.

Italia tenía ya clasificado, y a la vista, todo su arte –y eso le vale de lección a Goya–, mientras España guardaba en profundos arcones su pintura.

Claudio Coello era un Murillo renegrido, en que se mezclaba el dibujo a la pintura en ojos bonitos y perfiles amanerados. No tenía ningún genio, aunque poseía el don de la buena ejecución para representar ascensiones, recepciones celestiales y apoteosis.

Luca Giordano, llamado a Madrid por Carlos II, trae en la mente el recuerdo de los Baptisterios, el orden de la perspectiva, que adelgaza los mosaicos en pura degradación, y todo el reflejo de los muros italianos en un pintor de exportación.

Con el mote de *Fa Presto* a sus espaldas, trabaja de encargo, y sólo muy de vez en cuando hay reflejos en su obra de los hálitos solemnes de la escuela boloñesa y de Ribera, que fue su maestro.

Hay algún fraile que quiere levantarse de sus parihuelas para ser inmortal, y algún paño roto que intenta la superación digna de los museos.

Muchedumbre de retablos, claustros rotundos y monjes, compuso Giordano con trazo seguro, con embadurnamiento de gran profesional, de digno presidente de cualquier Academia, de honorificado en las escaleras pintadas por los fresquistas de aquel tiempo.

Felipe V se deja llevar de la influencia francesa, y los Honasse, Jean Ranc, Luis Macbiel y Van Loo llenan los palacios de grandes cromos de la época: fiestas con música de cámara, paradas de príncipes y reyes, y alguna mitología comparada.

Fernando VI trae de Italia pintores de segunda categoría, como Santiago Anizoni y el napolitano Corrado Giaquinto.

Carlos III, pujando más por Madrid y queriendo esmaltar lo monumental con una pintura realmente monumental, escoge a un pintor de primera clase, aunque de una época veneciana de segunda categoría: Tiépolo.

El Palacio Real necesita decoraciones de color, y Tiépolo, ayudado por sus hijos, lleva a los plafones nuevas fantasías, de un estilo más risueño que las que acaba de pintar, durante tres años, en el palacio episcopal, de Wurtzbourg.

Carlos III, siempre deseoso de engrandecer su reinado y su reino, llamo a otro artista que se destacaba en aquel tiempo, a Rafael Mengs, un extranjero nacido en Bohemia, de padre dinamarqués, blando, de plasticidades cómodas, de colores a la moda del mundo de entonces, aunque sus teorías eran de la valala, imponiendo a la

pintura una estatuaria neoclásica, enseriecido y aburgue-
sado por su larga estancia en Sajonia.

Mengs era un caleólogo en pleno empacho.

Desde su infancia había sido uno de esos forzados a los
que los padres obligan a ser artistas, y acaban en un amaneramiento cerrado por todos sus poros a la inspiración,
y dotados de redondeces y sonrosaciones de fría casta.

Sometido a no jugar más que con lápices y pinturas,
encerrado en el Vaticano durante su adolescencia –en
secuestro de pan, agua y pintura–, llegó a una perfección
manual que, antes de saber esto, en mis visitas al Prado,
de chico, me dejaba el alma llena de melancolía, al no
alcanzar palpitación alguna en sus lienzos por más que
los miraba mucho, buscando el goce que sus jardines y
amabilidades parecían aconsejar.

Carlos III, que le conoció en Nápoles, le instó a que
viniese, ofreciéndole un sueldo de 200 doblones, casa,
coche y todos los gastos que necesitase su pintura.

El artista de Bohemia se encontró un rey propicio y
techumbres de Palacio que pintar, subiéndose a los anda-
mios como un artesano.

Todos los pintores y autoridades de la pintura se dejan
dominar por este erudito y sabio de las pinceladas:
Amicomi, Tiépolo, Corrado, Winckelmann, Nicolas de
Azara, Bayeu, Agustín Esteve, Mariano Salvador de
Maella y D. José Camarón, y sus hijos José y Manuel.

Todos pintaban bajo el aquietamiento de las teorías de Mengs, teórico de los clasicismos y sus ternuras, partidario de Rafael, el más importante estampista de los siglos.

Pintor de personas como de flores, daba un arte diezochesco, apagado, gris perla, mustio, como si fuese otro arte descolorido, como si estuviese hecho de sedas pasadas y de flores de cera.

Goya se encuentra con las *kermesses* tristes de Teniers, y con ese Mengs que pinta grandes miniaturas, por un procedimiento que quita sensibilidad a las cosas.

Después Goya ve a Velázquez.

La importancia que da Beruete al enfrentarse Goya con los cuadros de Velázquez, no creo yo que signifique nada después de haber visto el artista a los venecianos en Italia. Si alguna influencia pudo haber sobre Goya, si le inflamó algún contraste grande, fue frente a Tintoretto y Ticiano, esos destellos de oro y verdad que salen de las habitaciones oscuras de los museos y de los palacios italianos.

Vuelve a España, y lo más sobresaliente de la nación se pone en pie para que lo pinte.

Él trae la visión ambarina y opulenta de los sibaritas del color y del retrato, que debió ver en los salones entornados del Palacio de los Dux, cuadros como alcobas y hornacinas de las paredes, verdaderos hornos de una pasada exaltación de la vida, indubitables creaciones de sus fiestas muertas.

Él estaba frente a una edad más moderna, en la que ya se habían desvanecido los deseos de temas clásicos, y que tenía menos pavor de vivir que aquella otra, cuyos pintores procuraban que hubiese luto de destino alrededor del retratado.

*

Goya, en definitiva, con unas u otras influencias, vio unas horas del mundo en toda su plenitud. La cabeza del matojo verdeoro lucia bajo el sol, y él la retuvo en el lienzo, dando una lección de inmortalidad a la naturaleza. No puso en situación engolada y perennal todo lo que copió, sino que lo retuvo en su víspera de paseo y huida, reteniéndolo así más que nunca. Lo que iba muriendo fue lo que retrató para que fuese eterno.

Las luces de espíritu que completan su obra, una especie de atmósfera prístina, en que se respiraba la libertad suntuosamente, el que tiene miedo que se transparente el lienzo y su nada, el que sabe que todo se sugiere bien si se está persuadido de ello hasta donde no puede decirse, es lo que forma a Goya.

Ante un artista de condición intensificadora como la suya vemos la vida con acrecentamiento, como si un extraño alcaloide exaltase nuestra alma, el único alcaloide estupefaciente que ni se acumula ni deja huellas graves: el alcaloide del Arte.

Las horas de Goya son las horas sorprendidas, pues entonces no se estaba tan distraído del mundo como antes y después.

Se había desproblematizado la vida para algunos, y aún no habían nacido los nuevos problemas que habían de problematizarla más. Sólo se aspiraba a la vaga, distributiva y socorrida libertad.

Goya retiene un retal del tiempo con todas sus inquietudes y sus colores. Retiene el chaleco palpitante de toda una época, con ese algo que le quedó de todos los pechos, como desgarrado y desprendido de ellos.

Goya presiente que es una época que se acaba y se vuelve su testamentario, con desvelo ante sus muchos infolios y ropajes. Su cerebro privilegiado recoge la retrovisión y la futurvisión de España, pero el fenómeno se debe a mayores ingredientes: el principal, a que Goya ve luces de dos siglos, recogiendo el resplandor final del XVIII y amaneciendo a las luces del XIX, siglo de trabucación y modernismo en que ya estaba, hasta el atisbo del XX.

Es importantísimo para los precursores el asomarse a dos siglos, y ahora volverá a suceder que el privilegio de todos los que han asistido con talento a la muerte del XIX y al nacimiento del XX, les dará lugar preeminente en el porvenir y serán imitados hasta que luces nuevas de dos siglos vuelvan a originar nuevos precursores dotados de la originalidad que hace época.

El que entra ya en un siglo carece de esa visión de contraste que da el otro siglo, y el saque de sus ideas no es tan poderoso como el de los que han visto dos y se aprovechan del bote en el siglo nuevo y el rebote en el siglo recién pasado.

Ya en los finales de un siglo se comienzan a ver fenómenos de ocaso ocurrentes junto a fenómenos de aurora. En el montante de Oriente se ven ya albores.

Por eso Goya, en esos últimos tiempos del XVIII, ve todo lo que ha de venir y tiene un arranque de visión osada de sus contemporáneos, porque ya les ve caducos, murientes, viejos, como lo que no se renueva ni sabe lo que va a venir. Una nueva luz aparece, en ese momento, en la montura del camino, en esa meseta en que acaban las cuestas arriba, y Goya consigue lo más maravilloso que se puede conseguir: ver esa luz antes que nadie, adelantarse.

Toda la pintura de un siglo después, hasta el impresionismo y sucedáneos, está influida por Goya, pues él descubrió con la soltura del color y el mezclarle con luces nuevas, el secreto de lo nuevo. Parece que su apellido Lucientes integra su obra y es mina de luces.

En el atardeciente final del siglo XVIII, cuando Goya comienza sus inventivas, el genio se levanta sobre esos zancos que él ha pintado en la boda de pueblo, sino que mucho más alto y sobre los tejados de su presente, hasta distinguir la luz del siglo XIX.

Ante tan revuelta, áspera y fiera vida española, Goya toma la actitud genial –por eso se ha inmortalizado– de ver, oír y juzgar, sin mezclarse en la política del tiempo, convencido de que la realidad de un pueblo berberisco es realidad pintoresca, rebullente, sólo digna de la obra novelesca y dramática.

Goya no hizo caso de esa necesidad de halagos y peticiones en su favor que requiere el pueblo cerril.

Se le encogían los simbolismos y tomaban estatura humana y plebeya. Por el contrario, lo natural se llegaba a él enternecido, sin pesadez, siempre como cortina mejorada por la luz de su revés. Los cartones de sus tapices son como verdaderos transparentes, esas cortinas de fino tafetán en que hay pintado uno de aquellos motivos que se llamaban "países" y que dejan pasar la luz por su tenue pergamino.

Transparentes detrás de los que hay un sol de otro tiempo sobre otros vergeles. Son esos cartones goyescos revividores de fiestas más jóvenes, pues cualquier tiempo pasado fue más juvenil. Ese es el milagro emocionante, fuera de detalles de técnica que dejan frío ante quienes mejor la poseen, que en Goya hay del otro lado, milagrosa reviviscencia de otra tarde de otro tiempo en otras primaveras; la paradoja más sobresaliente del mundo, dos tiempos reunidos, es decir, vastedad mayor del presente, lo único que hace ricos de verdad.

Transparentes respaldados por otro sol de acuñación ya recogida, los cartones de Goya animan nuestra vida y nos la alargan sólo por el arte muy hacia el pasado, cuando, en rigor, de vida real sólo podremos gozar de un poco de porvenir. Todos sus cartones se relacionaban con la vida de su tiempo e invitaba a las más esbeltas damas para inmortalizarlas.

–No se sabe quien fuiste, pero todo el porvenir te echará piropos.

Las salas más tristes de los palacios en que reinó la tisis resultan alegres, eternamente alegres, gracias a los tapices de Goya, que no se parecían a los otros, a los de los flamencos, que conducían a los campos hiperbóreos y a otra vida rusticana, no desprovista de tristeza hasta en su festividad. Cuando se abren los balcones en esos salones tapizados con Goyas, se siente interpretada la alegría de los optimistas y llevada a Palacio la flor de la campechanía. La perspectiva de un día azul está en las paredes como si fuesen espejos en que hubiese sido desechado todo lo que sobra en la realidad y exaltado lo que hace falta. La bocanada de aquellas agonías que les improntaron su huella, no les quita nada de esa alegría que los sofás Imperio, con sus bellos hombros dorados, convidan a contemplar.

En las estancias reales el paso ha de ser rápido, y las ventanas se vuelven a cerrar tras de uno con angustiosa presteza. Basta, sin embargo, un momento para presenciar el ánimo que dieron a la realeza los tapices del Doctor Goya, trasfundidor de las alegres democracias en el palacio del rey absoluto.

Hasta en los dibujos que traza al correr del lápiz se esboza lo que no se sabe. Tienen una manera de ser larváticos en que se reconoce el tipo de talento cósmico de Goya.

No se le inicia lo que en términos de pintura oficial se llama un diseño, sino algo más, burlesco, esperpéntico, a la puerta del portal de lo que no se sabe.

Está siempre bajo árboles de inquietud y nubes de fantasmas.

Sus dibujos no son nunca triviales, sino que buscan tipos de mucho carácter o escenas de excepción.

No hay desperdicio en su obra. Cada apunte es una suposición, y pinta una fiesta de las casualidades o un lío de la vida, mezclando problemas, ironías, mujeres, simbolismos.

"No se paró ante ninguna confusión", lo cual es su mejor elogio.

Realizaba en el papel lo que no se realiza en la vida, lo que sólo se entrevé. Practicaba ya, según eso, lo prescrito en el arte nuevo.

En sus dibujos más triviales hay un rictus de vida –rota su decoración– que les hace entrañables.

Las pinturas de su casa de la ribera del Manzanares son la obra maestra de ese arte taumatúrgico de Goya, viéndose que todo fue condimentado por el atardecer, dejando el pintor su espátula cuando ya no veía, cuando era inútil seguir el apuñalamiento de las paredes.

Los asuntos inexplicables, como "Cabeza de perro" y "Visión fantástica", se emparejan con otros que quieren decir cosas de los sueños y de la maldad de la vida, ensañamientos, miserias, hambres muy grandes saciadas en el umbral de su casa, esas brujas que pasaban de la Casa de Campo a la ciudad, como líos de ropa y cortinas de incomprensible levitación, y borrachos mezclados en la zarabanda de la despedida de las praderas en fiesta.

Pareció guardar sombras de la noche en cacharros del día para poder pintar esos frescos. Eran esas pinturas el juicio final de un hombre más soterreño que Miguel Angel, el juicio final cabe al arrabal, el juicio final con las mismas contrastaciones y empalustres de negruras y claridades, sino que más humanas y a nivel del mundo.

La lepra que da a las figuras la agravación de la vida, está ya en esas que Goya pinta sin tersuras inútiles, metiéndolas en su casa con un esboceado que tiene algo de picadura de viruela y de más graves socavones.

Goya está contento, aunque serio. Él no ama los gabinetes azules, porque no encuentra en ellos la emoción desgarradora de que hay que estar viviendo siempre.

Asilo de pesadillas y miedos fueron aquellos recintos, pero don Francisco estaba contento de tener, por fin, aquelarre.

Sus brujas son brujas de la auténtica veracidad, o sea, las brujas que son esas mujeres que envejecen torcido, mujeres que han sido muy guluzmeadoras, chillonas y comadreantes, Las que levantan falsos testimonios, las comadreadoras que van con sus tráfagos a la fuente de la calumnia.

Goya que las veía pasar junto a sí y que fue víctima de ellas, las conocía y las recogió para vilipendio de esa fosa común del pudrirse humano, en que a tal juventud supersticiosa, corresponde tal vejez tenebrosa y retorcida.

Ese elemento de vejez retestinada de las mujeres murmuradoras –"mormuradoras" las de más murmuración– era para Goya otros elemento contrastador de las juvenilidades de los otros cuadros.

El elemento infernal de la vida está en esas viejas entre adivinas, nigrománticas y sacerdotisas de la venganza, de la reacción contra la nueva belleza, de escarmentadoras de la felicidad.

Goya representaba en ellas la mala inspiración de la vida, sus correveidilismos envenenados, sus sumurmujeantes tentaciones.

El plano moralmente oscuro estaba interpretado por aquellas brujas en que se transparentaba en Goya –como en Larra se transparenta en goyesco soneto– el odio a las alcahuetas.

Necesitaba provocar el conflicto dramático la seriedad del miedo a la vida, estimulando su fantasía y compensando con los cuadros trágicos la pintura cortesana en que sólo aparecía media verdad de la vida, la verdad alegre, jacarandosa, de sedas y relumbrones.

El contraste de la vida figura con rigor en sus monstruos, en sus brujas y en aquellas multitudes de ojos escalfados en el negro cuadro, que vienen a ser coro estrafalario, canallesco y trágico de sus exquisiteces.

Cierto infantilismo que abunda en sus pinturas le hace bien y le hace más ibérico, pues esa es una característica de los aciertos ibéricos que, cuando más lo son, es cuando tienen la infancia más atrevida. Con infantilidad de primer hombre en el primer mundo, deja atisbar cosas y sucesos con más clarividencia. El énfasis magistral de Rembrandt oscurece la pintura y hace que algunos no le amemos porque encubre la ingenuidad de otros tiempos.

En Francia y en otros sitios se pinta por emulación de las grandes abstracciones, pero Goya ya es el que se apega a la realidad con deseo de crear vida que no le deje morir, vida que siga traspirando en su pintura.

Si en la mística fueron tan fuertes los españoles, ¿por qué no lo iban a ser en la realística?

Goya entra por el barroquismo en sus cuadros mejores, y bajo la traza segura de sus pinceles se encuentra el entreabrirse de lo material sobre lo inmaterial.

El deseo superior de que se vuelva ticteante el arte, y que las cosas se emplacen y desplacen del lienzo, hace incurrir en lo barroco. ¡Admirable vicio!

Goya palpita barrocamente, y sus palabras ayudan a ese barroquismo, y todo él se revuelve en su pintura y abre brechas al tiempo gracias, sobre todo, a lo que tuvo de barroco.

El barroquismo es querer más de lo que se puede querer y ponerse a realizarlo sin haber acabado de hallar el camino y la manera, con ceguera y con deseo temerario.

Quizá no haya manera de realizar la creación vital de los dioses; pero sí de algún modo se puede ensayar, es con la barroquidad más que con la perfección ortodoxa.

Lo barroco es el único concepto que merece el respeto de dejarlo indefinido y con salidas por todos lados.

¿Qué el intento de barroquismo deshace mejor las formas y entreabre los estilos? Pues nada mejor. Esa porosidad es ideal. Ese superbalbuceo es sorprendente.

De ningún modo es decadencia lo barroco, sino deseo de más perfección al saltar los límites de la perfección académica o puramente perfecta. El intento mayor que puede intentarse es lo barroco, y una y cien veces a través de los siglos se ha incurrido en él para ver de salir del impasse de la desesperación.

Goya, con su originalidad y su barroquismo, hizo la obra grande e insupuesta, que es la única digna de hacerse, trabajando frente a ese ensimismo frío, que es la tela, con tenacidad de rebelde contra el posible no quedar. Metía la cabeza en el lienzo como en un consuelo de desengaños de muerte y de falsía. Y el lienzo resarcía al insuperado en la vida.

Lo que tuvo de tragedia interior dio las claridades y las lobregueces de su obra. Es el más genial de esos viejos indignados con la vida que enfurruñan su rostro como cubriéndolo con la máscara del descontento.

Tolvanera de inteligencia, de gracia, de simpatía, de colores puestos donde manda el genio –no donde mandan los profesores– distancias inapreciables, matices indecibles, comprensión de la calidad de luz precisa de cada año –1787-1805-1807–, comprensión de las mudeces, etc., etc., son más detalles que forman al gran pintor.

Pasó por la vida con embestidas de verdad, sin dialécticas ni disquisiciones. Le salen así cosas de las que no respondería él y de las que probablemente se arrepentiría, pero que son las mejores de su obra.

Cruza el mundo con esa brusquedad salvaje que sólo se da ya en los pastores y que está bien que de vez en cuando caiga y atraviese la vida.

Lo único que vale la pena es el estar despierto sobre el maquinismo del mundo y sobre el principio de ingratitud que lo abisma y en cuyo abismo hemos de caer.

Tener esa clarividencia es no ser engañado sobre el vilipendio fatal y formidable de la vida.

Quizás una suprema intimidad más rotunda que el escepticismo, es la única riqueza destilada y el único resarcimiento del miedo a morir.

No se le puede considerar rudo y parvo, sino perspicaz y libre, comprendiendo que la vida es una buenaventura sin sentido y completamente casual.

En esa mirada del hombre que sale y observa si llueve, que Goya pone muy a menudo, está su psicología de hombre que recela cualquier sorpresa del destino.

Los ojos están siempre sorprendidos y sospechosos. Todo lo temen, todo lo esperan.

Es nuestro incrédulo máximo sin alegatos en contra ni disimulaciones, desbaratados los prejuicios de sus ojos, restregados hasta arrancarles el engaño.

Con ojos heridos, irritados y rasgados, mira Goya la España que no quiere avanzar como mula que se ha plantado clavando sus patas delanteras en el suelo.

Goya es el indígena español, el ibero de cabeza desgreñada, de independencia monstruosa, de atisbos que no se consiguen ni con la mejor lógica. Vivo, enterizo, como habitante primero y último del terráqueo, comprendiendo la luz de último día que tiene todo día, establecido en una última conclusión que aún no ha llegado. ¿Qué significa su religiosidad y cortesanía de otras horas? No quiere ofender a nadie y escribe como un pecato a aquellos amigotes de la infancia a los que no se les hará nunca confidencias de ideas.

Es un tipo de esa gran fauna de españoles insubordinados ciegos de fe en Dios y, sin embargo, enemigos de las leyes, de los curas, de los frailes y de los generales. (Así era, por ejemplo, Silverio Lanza.) Mastuerzos por un lado y por el otro timoratos y aplastados de tinieblas y rayos.

Dicen "Nada" con tristeza y, sin embargo, sostienen que del otro lado está todo. ¿Por qué ese último espanto si el morir es resucitar a una vida mejor?

Pues porque sin que pueda esclarecerse, ni dudarse, ni pueda pasar de esa enorme tristeza, ni de ese escalofrío ante la "nada", ahí está toda la duda, la enormísima duda, la aplastante convicción.

¿Por qué en la placa del trapense está escrito: *Pulvis, Cinis, Nihil?**

Eso ya sabíamos y no hay que subrayarlo porque al hacerlo se subraya un pánico mayor que está demasiado escrito en los seres para provocarlo y llevarlo a demasías.

* Polvo, ceniza, nada.

Esos "Nada" españoles quieren decir que no hay en el trasmundo nada de lo que pensabais, lo cual no quiere decir que no esté del otro lado todo lo que hay de continuidad planetaria y siderea en el mundo.

("Nada", la palabra más atrevida que se pronunció en el tiempo y es el gran desahogo si se logra escribir con pulso firme. "Nada", contestación preciosa y tranquilizadora que revela lo que hay bajo las piedras en que no hay ni gusanos, sino ceniza de ceniza de cenizas.)

Goya entrevee los cielos vacíos a lo lejos y por eso detrás de cada cosa ve una verdad mayor que la contrasta, un cielo escéptico que la recibe.

Todo es ver más horizonte, y los ojos de Goya ven los últimos, quizás el último entre todos, el lívido horizonte de la "nada", color vacío sobre vacío.

Calavera gruñona de la verdad fue siempre Goya, encontrando en lo que veía la maraña de los azares buenos que luchan en cada cosa, y sintiéndose anarquista a la española, de ese modo con que en España son anarquistas todos, anarquistas creyentes en Dios, anarquistas creyentes en la tiranía, anarquistas supersticiosos, anarquistas que se disciplinan en las procesiones de la disciplinación, hasta anarquistas que emprenden el camino a Roma arrodillados toda la larga jornada.

Se creía entonces que el mundo iba a poder ser vivido en declarada libertad, en exaltado pináculo de libertad.

¡Se creía que el paraíso iba a estar en la tierra! Todo se ha quedado oscuro, ramplón y anticuado en aquel tiempo, y sólo Goya reluce documentando al porvenir. Siendo esa su mejor victoria sobre millones de hombres y millones de horas muertas. Se puede llamar prodigio, por lo tanto, al caso. Ha hecho retumbar un tiempo en otros. A la palabra pintor que no supone apenas nada, opone su título de creador y *factotum* de su período.

A la evocación de su nombre surge otro Madrid en el Madrid actual y otra España en la España de hoy.

Grandes cosas como las dichas se acrecientan en una especie de duplicidad debida a un hombre, y por eso los vivas y los hurras. Figura tan aceptada en el mundo no la hay. Y así se ve que además del casticismo maniático de los de acá, hay un casticismo que se comprende lejos. En el mundo lo que buscan y prefieren es esta diversidad de las musas y sus colores. Eso es lo que le ensancha. ¿Que por qué pueden interesar nuestros majos fuera de la atmósfera de majeza? Pues porque son españoles, es decir, los que ensanchan el mapa y acrecen el volumen del terráqueo, otros tipos, otros espíritus, otras costumbres, otro genio.

Revista de Occidente, n° 58, 1928

www.casimirolibros.es